AF240196

Extrait de la REVUE DE L'ENSEIGNEMENT DES LANGUES VIVANTES
du 1ᵉʳ Octobre 1925.

INSTRUCTIONS MINISTÉRIELLES

relatives à l'Enseignement des Langues Vivantes

(Journal Officiel du 3 Septembre 1925)

LIBRAIRIE HENRI DIDIER

4 et 6, RUE DE LA SORBONNE

PARIS

LIBRAIRIE HENRI DIDIER, 4 et 6, rue de la Sorbonne, PARIS
Registre du Commerce de la Seine n° 210.486 B.

Auteurs du Programme du 5 Juin 1925

AUTEURS ALLEMANDS

Avant la classe de 4e : **Textes faciles** (consulter notre Catalogue général).

Classes de 4e et 3e : Grimms Märchen (éd. illust. MENEAU) 4 fr. 40
— Märchenbuch Bechstein-Hauff (éd. MENEAU) .... 4 fr. 40

Classe de seconde : Minna von Barnheim, éd. annotée SOUS PRESSE
— Hermann und Dorothea (édit. illustrée MENEAU)..................... 4 fr. 40
— Wilhelm Tell (édit. illust. MENEAU).. 4 fr. 40

Classe de 1re : Iphigénie (édit. illustrée SOUILLART)..... 4 fr. 40
— Egmont (édit. illustrée LOISEAU) .... 4 fr. 40
— Götz von Berlichingen (éd. ill. MENEAU). 4 fr. 40
— Wallenstein (édit. illustrée LOISEAU).... 7 fr. 50
— Die Jungfrau von Orléans (éd. LOISEAU) 4 fr. 40
— Prinz von Homburg (édit. HAGEN)...... 4 fr. 40

Cl. de Philosophie : Faust (édit. MOREL)............... 4 fr. 40
— Erzählende Prosa (morc. choisis).. 11 fr. —

AUTEURS ANGLAIS

Avant la classe de 4e : **Textes faciles** (consulter notre Catalogue général).

Classes de 4e et 3e : **The Gold Bug** (éd. annotée) EN PRÉPARATION
Classe de seconde : **Sketch-Book** (éd. illust. HOVELAQUE) 3 fr. 90
Classe de 1re : **David Copperfield** (éd. DESCLOS-AURICOSTE) 5 fr. 50

La LIBRAIRIE HENRI DIDIER a en Magasin, d'une façon permanente, un stock des principales Éditions anglaises des autres auteurs recommandés par les programmes du 5 Juin 1925.

Revue de l'Enseignement des Langues Vivantes

INSTRUCTIONS

relatives à l'Enseignement des Langues Vivantes [1]

Préambule.

Deux idées dominent la réforme nouvelle :

Maintenir à l'enseignement secondaire son caractère original qui est d'être une méthode de culture et de viser moins à accumuler des notions qu'à former les esprits ;

Organiser le cours des études de façon telle qu'il y ait un seul régime, une seule jeunesse, une seule culture, à la fois scientifique et littéraire, avec une option limitée aux langues étrangères à étudier, qui peuvent être soit les anciennes avec l'appoint d'une langue vivante, soit deux langues modernes.

Ces deux principes précisent nettement l'objet que se propose dans l'enseignement secondaire l'étude des langues vivantes : elles sont associées étroitement à l'effort commun de toutes les disciplines et avec elles concourent à la formation, à la culture et à l'ornement de l'esprit.

D'autre part, comme elles sont vivantes, c'est-à-dire l'expression de peuples voisins, dont, à aucun titre, nous ne pouvons nous désintéresser, l'élève doit les parler, les lire, les écrire, les traduire, bref, en avoir, dans la mesure que comportent son âge et sa maturité, la possession effective.

Soit qu'elles s'adjoignent aux langues anciennes, soit qu'à deux elles les suppléent pour assouplir et affiner l'esprit, les langues vivantes sont appelées à jouer dans l'enseignement secondaire rénové un rôle de premier plan. La tâche est lourde, mais belle. Prêt depuis plus d'une génération, le personnel ne la redoute pas. Dans l'ensemble, il l'appelle de ses vœux. Les instructions qui suivent ont pour objet d'en tracer les grandes lignes et d'en faciliter à tous l'accomplissement méthodique et bien concerté.

PÉRIODE D'INITIATION
(Sixième et Cinquième).

PRONONCIATION

Dès le début, le professeur apportera tous ses soins à la prononciation. Et d'abord, il donnera l'exemple. Sans tomber dans le défaut d'une prononciation professionnelle à l'excès, il soignera son élocution ; il

---

1. Reproduites intégralement d'après le *Journal Officiel* du 3 septembre 1925.— Nous rappelons que ces *Instructions* correspondent à *l'Arrêté relatif aux Horaires et Programmes de l'Enseignement secondaire dans les classes des Lycées et Collèges de Garçons* du 5 juin 1925, publié en fascicule séparé par le *Journal Officiel* (en vente à la Librairie Henri Didier).

« placera » sa voix de manière qu'elle atteigne tous les élèves. Les mots nouveaux, il les prononcera toujours le premier, en marquant fortement l'accent tonique et, pour les langues du Nord, en articulant nettement les consonnes initiales et les consonnes finales, surtout quand elles sont plusieurs à se suivre. Il fera répéter le mot par un élève, par un groupe, par toute la classe. Pour les sons un peu délicats et les articulations nouvelles, il ne fatiguera ni les élèves, ni lui-même par une répétition vaine. Il se rappellera ce fait, assez récemment mis en lumière par la psychologie du langage, à savoir qu'un son étranger n'est bien perçu par l'oreille de l'enfant que quand ses organes vocaux ont réussi, ne fût-ce qu'une fois, à l'émettre. Pour ces phonèmes, il ne faut pas hésiter à prendre l'élève à part, à lui montrer par un dessin, par une pièce anatomique, par l'exemple vivant, où se placent les organes vocaux pour obtenir telle ou telle articulation. Ces leçons vivantes passionnent les enfants, mais ne peuvent se prolonger devant une classe nombreuse. Aussi est-ce une des tâches toutes désignées pour la séance de travail dirigé.

Diction simultanée, lecture rythmée et chant peuvent rendre de grands services. Il y faut, bien entendu, de la mesure et de la discrétion. Mais on aurait tort de se priver des ressources que fournissent, chez les jeunes, l'instinct d'imitation et l'entraînement collectif. La gymnastique vocale se placera de préférence au début de la classe, pour bien marquer aux élèves qu'ils entrent nettement dans une petite phase distincte de leur vie scolaire.

L'enseignement collectif a des limites précises que révèle le bon sens de chacun ; il est toujours suivi de questions individuelles, à titre de mise au point. C'est seulement quand il aura, par la répétition individuelle et la reprise collective, obtenu l'exacte copie auditive du vocable nouveau, que le professeur l'écrira au tableau noir. Si la graphie amenait des hésitations, il faudrait effacer et reprendre l'exercice oral avant de faire inscrire le mot par les élèves.

Vu le caractère de notre langue maternelle, il est indispensable d'accorder une attention toute particulière à l'accent tonique. On ne saurait trop y insister. Si, dès le début, les élèves n'acquièrent pas le sens de l'accent tonique, pour travailleurs qu'ils soient, ils parleront toujours une langue faussée et, plus tard, pour l'appréciation des écrivains et, notamment, des orateurs et des poètes (sans parler du contact avec les gens du pays) ils seront toujours en état d'infériorité. Grave dans la prononciation de toutes les langues, la mauvaise accentuation a, dans certaines, comme l'anglais et le russe, des conséquences exceptionnellement fâcheuses, puisqu'elle a sa répercussion sur la valeur des voyelles voisines et, par suite, altère ou détruit toute la musique du mot.

Comme la « leçon de mots » et la « liste de mots » sont bien mortes, que le vocable est toujours présenté dans une petite phrase, si élémentaire soit-elle, le professeur sera vite amené, sans y insister théoriquement, à enseigner en même temps que l'accent du mot, l'accent de la phrase, le rythme, ce qui fait le caractère et la vie de ce tout primordial et complet qu'est non pas le mot (comme on le croyait autrefois) mais la phrase, c'est-à-dire l'unité d'expression traduisant une unité de jugement.

Aux exercices traditionnels énumérés plus haut, il sera bon d'ajouter, comme en musique, la dictée vocale. Le professeur récite une série de vers ou de petites phrases choisies pour leur intonation variée et il les fait répéter individuellement, avec le seul souci d'obtenir un écho fidèle de la diction.

Toute la peine prise à cet égard en sixième et en cinquième constitue un placement excellent : elle épargnera dans la suite au professeur de fastidieuses redites et des corrections orales fatigantes.

Il arrive, disions-nous, que la graphie du mot, mise pour la première fois sous les yeux des élèves, nuise à la bonne prononciation. Pour obvier à ces inconvénients, pourquoi, objectera-t-on, ne pas employer l'alphabet phonétique qui, par sa nouveauté même, a le grand avantage de rompre les associations auquel l'enfant est habitué dans la langue maternelle ? C'est poser la question de l'emploi de la phonétique. Un courant d'opinion se manifeste dans cette direction. On ne conçoit plus à présent que les professeurs de langues vivantes continuent d'ignorer la phonétique. Elle doit être la gardienne de leur bonne prononciation. Est-ce à dire que l'heure soit venue d'en édicter l'emploi intégral dans les classes ? Nous ne le pensons pas. Comme elle n'est pas, il s'en faut encore, enseignée dans toutes les universités, candidats et jeunes professeurs y sont préparés trop inégalement. Certains maîtres trouvent dans la phonétique un secours précieux pour enseigner la prononciation ; d'autres, par l'emploi inconsidéré de la notation internationale, ont rendu leur tâche rébarbative et plus ardue. En résumé, le temps travaille pour la phonétique et, dès à présent, nous ne saurions trop la recommander aux professeurs.

Le phonographe pourra s'employer avec fruit pendant les séances de travail dirigé et nous ne saurions trop encourager l'installation de postes récepteurs de T. S. F. : l'audition de radios étrangers serait pour les premiers en composition une récompense et une incitation de premier ordre.

VOCABULAIRE

En accordant au vocabulaire une rubrique spéciale, on semble rendre au mot isolé un peu de la vie et de la dignité que nous lui déniions tout à l'heure à propos de la prononciation. Qu'on ne s'y méprenne point. Pour enseigner la musique du mot, il faut le mettre dans son milieu natif, la phrase, si élémentaire soit-elle ; pour enseigner le sens du mot, des raisons différentes, mais tout aussi fortes, interdisent de l'arracher à ce tout primordial et vivant qui est l'unité linguistique, la phrase achevée n'eût-elle que deux ou trois éléments.

Même dans les cadres sommaires annexés ci-après, on ne prendra pas les sujets indiqués sans une gradation réfléchie, sans un plan arrêté. Le programme n'est fait qu'en vue d'établir une certaine concordance entre les classes et les établissements divers. L'enseignement du vocabulaire, pour être fécond, doit reposer sur une base méthodique. Où irons-nous la chercher ? Dans la grammaire. Toute méthode a pour fondement organique la grammaire.

Il ne s'agit pas pour cela de la mettre en avant. On se gardera d'énoncer ces règles prématurées qui sont l'expression abstraite de l'expérience d'autrui. Ce qui presse pour les commençants, c'est d'acquérir par eux-mêmes de l'expérience : expérience des formes, des flexions, des accords, etc. Mais discrète et toujours présente, la grammaire est le guide qui ordonnera toute l'étude du vocabulaire.

En gardant cette préoccupation constante, on passera des objets qui entourent l'élève aux images qu'on lui apporte ou qu'on lui dessine. L'enseignement par l'aspect tend à relier directement le mot à l'image mentale de l'objet. Cette liaison ne se fait pas toujours sans l'intermédiaire du mot de la langue maternelle mentalement interposé, mais de toute façon l'effort est fécond. Même s'il y a traduction mentale involontaire, l'opération de l'esprit est différente : on ne part pas d'un signe pour lui donner un autre signe comme équivalent ; on part de l'objet et l'on aboutit au mot étranger. L'habitude qui naît ainsi conduit beaucoup plus vite et plus sûrement les élèves à s'exprimer spontanément dans la langue étrangère.

Le vocabulaire de sixième et de cinquième est essentiellement concret. Avec les ressources variées de la méthode active : ordres, mouvements, leçons de choses, interrogation mutuelle, description de tableaux, opérations arithmétiques élémentaires (sans abus), dialogues, scènes mimées par un groupe et décrite par un autre, etc., avec beaucoup de patience et d'ingéniosité, le professeur peut transmettre le sens dominant des mots sans risque d'erreur. S'il a pris soin de chercher pour chaque vocable nouveau la petite phrase typique, qui en présente le mieux la signification, il opère, sauf exception, à coup sûr.

Mais comme les mieux intentionnés n'ont pas toujours la vocation voulue, et comme la précision est, dès le début, une affaire de probité intellectuelle et une habitude d'esprit qu'il importe au plus haut degré de donner tout de suite, un contrôle s'impose. On a préconisé à cet effet le procédé du « coup de sonde ». Au cours d'une explication de mots, au cours d'une lecture expliquée, quand on soupçonne que la lumière ne se fait pas assez vite, on demande la traduction et, si on ne l'obtient pas, on la donne. Employé à titre tout à fait exceptionnel, le procédé n'est pas mortel ; mais il arrive, l'expérience est là pour le prouver, que peu à peu les occasions d'en user se multiplient par une tacite complicité de relâchement et qu'on aboutit à un mélange de systèmes qui est préjudiciable au bon travail du cerveau.

Il ne faut pas pour cela supprimer un contrôle qu'impose le souci de la précision et de la variété. La méthode directe intensive ne peut guère se pratiquer avec un plein rendement plus de douze à quinze minutes de suite. Ce quart d'heure, nous le passons tout en langue étrangère ; les esprits sont aimantés dans une seule direction ; les organes sont adaptés à une seule prononciation ; on obtient ainsi du travail bien fait, net, sans bavures ni repentirs. La petite leçon terminée, intermède de quatre ou cinq minutes. La détente était devenue nécessaire, et pour le sens de l'ouïe, et pour les organes vocaux, et pour l'esprit. Ce temps d'arrêt se passe dans la langue maternelle. Nous revenons au registre français. Et nous tenons là notre contrôle. Un peu d'ingéniosité nous permettra de revoir en trois minutes les points les plus ardus de notre petite leçon de tout à l'heure. L'intermède fini, la parenthèse close, nous revenons à la langue étrangère dans les mêmes conditions qu'auparavant. Reposés, rafraîchis, satisfaits, parce que tout est en pleine lumière, les enfants se remettent à l'œuvre avec une nouvelle ardeur.

L'intermède est encore employé à une autre fin. Il sert à préparer l'exercice d'acquisition ou d'assouplissement qui va suivre. S'assurer très rapidement en français que les enfants savent faire les modifications qu'on va leur demander en langue étrangère (passage de l'affirmatif au négatif, du présent au passé, de l'actif au passif) n'est nullement superflu. Ainsi préparé, le travail gagnera en solidité et en rapidité.

Le système des intermèdes, outre qu'il est fondé sur une saine psychologie, a l'avantage de rappeler que la variété est le secret des bonnes classes. Il fournit aux moins expérimentés un cadre de séance tout prêt ; il suggère qu'il est utile de venir en classe avec trois idées en tête, avec un petit programme en trois parties, coupé de deux intermèdes et terminé par cinq minutes de contrôle de jeux ou de chants.

Ainsi s'accomplira la période d'initiation dans la clarté intellectuelle, la variété féconde et la joie.

LEÇONS

Dans ces classes du début, on aurait tort de ne pas se servir de la faculté que possèdent les jeunes de retenir des séries de formes dépourvues de séquence logique. A mesure que s'éveille la raison, cette faculté baisse. Sans ressusciter la liste de mots isolés qui est bien morte, on n'hésitera pas à faire enregistrer par la mémoire souple de l'enfant des suites d'exemples se rapportant à un fait grammatical déjà mis en évidence, ou des paradigmes de temps, ou les formes des verbes forts très usuels, à la condition que ces formes, ces paradigmes et ces exemples consistent en phrases brèves et expressives.

CAHIERS

Il y a de nombreux types de cahiers et plusieurs sont également bons. Celui qui réunit le plus d'avantages est le cahier-journal, qui donne en raccourci la physionomie de la classe et qui, étant daté, permet à l'élève de remonter facilement le cours de ses souvenirs ; il se prête à des exercices oraux ou écrits de revision, de regroupements d'ensemble. (Relevez dans un mois, un trimestre donné, tout ce qui se rapporte à tel sujet, à à telle notion grammaticale, etc.)

Ce cahier sera commencé dès le premier mois de la sixième. Il contiendra les exercices écrits de la classe, avec corrections à l'appui.

A la fin, un index tenu à jour réunira sous des rubriques bien choisies tout l'essentiel des matières vues.

La séance de travail dirigé permettra le contrôle fréquent de chaque cahier.

En cinquième, le cahier-journal ne contiendra plus les exercices des élèves, mais seulement les corrigés. Le devoir sur copie deviendra la règle.

A ce cahier s'adjoindra alors le cahier de récitation. Même si les professeurs du lycée se sont entendus, comme on le leur recommande vivement, pour adopter un seul recueil de récitations pendant toute la scolarité, il existe des morceaux de prose par exemple qu'ils tiennent personnellement à ajouter, et de plus, il arrive que les élèves changent d'établissement. Aussi, ce cahier, tenu avec petites notes à l'appui, souvent illustré, est une réserve précieuse de formes vivantes, qui doit accompagner l'élève de classe en classe, toujours grossi, toujours ravivé par des revisions, jusqu'à la veille de l'examen.

DEVOIRS ÉCRITS

On a vu qu'en sixième, ils se bornent à la tenue soignée d'un cahier-journal contenant les exercices proposés et corrigés. On peut apprendre beaucoup, rien qu'en mettant correctement la date complète et en toutes lettres, surtout en allemand où intervient tout de suite la déclinaison de l'objectif. Pour le russe et l'allemand, autant familiariser les enfants le plus tôt possible avec l'écriture étrangère.

D'abord simples exercices de copie, puis d'accord, de déclinaison, de conjugaison avec phrase variable, etc., les exercices prendront les formes nombreuses qu'ils adoptent dans les classes élémentaires de français.

Ainsi outillé, ainsi entraîné, initié à la langue courante, entendue, parlée, écrite, l'élève est maintenant prêt à passer en quatrième, au deuxième stade de l'acquisition des langues.

GRAMMAIRE

Classe de sixième. — Dès le début, l'enfant doit être mis en mesure de s'exprimer correctement ; par conséquent, il a besoin d'apprendre la grammaire en même temps qu'il étudie le vocabulaire. Il doit connaître rapidement les formes essentielles de quelques verbes très usités : on n'en différera point l'étude sous prétexte qu'ils sont irréguliers. Quelques exemples judicieusement choisis et groupés feront apparaître le mécanisme de la conjugaison. L'élève se constituera des listes de verbes qu'il suffira de compléter par la suite. Il apprendra par l'usage le jeu des particules séparables dans la conjugaison allemande. De même pour les propositions ; dès le second mois, il saura distinguer l'emploi de *bei* et du *zu*, de *in* et de *to*. Il fera sa grammaire au fur et à mesure de ses besoins. La mémoire sera sans cesse exercée, mais avec elle l'observation et la réflexion. La règle sera formulée — elle devra l'être en fin de compte et le sera en français — à la suite d'une série d'exercices qui l'imposeront comme une conclusion nécessaire.

En précisant le but de l'enseignement, le programme en marque le caractère et en fixe les limites. On évitera de charger la mémoire de l'enfant de paradigmes trop longs ou de formes trop compliquées. On pourra à la rigueur faire apprendre le futur simple du verbe actif, mais on laissera de côté le futur antérieur et le futur passif ; on ne fera jamais conjuguer un verbe entier ni oralement, ni par écrit ; les listes de pluriels irréguliers se limiteront aux plus usités. Au contraire, on insistera sur l'analyse, car il importe que l'enfant s'habitue de bonne heure à reconnaître les fonctions des mots dans la phrase.

Classe de cinquième. — L'étude de la grammaire se poursuit suivant les mêmes principes ; mais elle se fait un peu plus étendue et un peu plus pénétrante. On complète les tableaux de la déclinaison et de la conjugaison commencés en sixième, on coordonne les notions restées à l'état sporadique ; on insiste sur le rôle des cas. En même temps, la phrase va devenir l'objet d'un examen plus attentif ; on analysera les propositions, on soulignera les conjonctions et les adverbes. Les exercices oraux et écrits de phraséologie (remplacer la construction active par une construction passive, intervertir l'ordre des propositions, remplacer une proposition coordonnée ou un complément circonstanciel par une proposition subordonnée, etc,) auront en cinquième une place importante. Cependant ils ne devront jamais être trop longs ni trop compliqués ; on évitera ceux qui pourraient rebuter l'élève ou imposer à son attention un effort dont elle est encore incapable.

Dans les heures de classe réservées à la section *B*, on s'attachera comme dans la section *A*, à faire l'éducation de l'oreille et des organes vocaux, on développera l'aptitude à parler la langue étrangère, mais on insistera particulièrement sur la grammaire. On n'oubliera pas que les élèves de la section *B* sont privés du secours que l'étude du latin apporte à leurs camarades. Ceux-là sont familiarisés avec l'emploi des cas ; l'étude comparée de la phrase latine et de la phrase française leur a montré que la construction peut varier d'une langue à l'autre. Ils ne seront pas surpris que dans la phrase allemande le verbe précède dans certains cas le sujet ou qu'il soit au contraire rejeté à la fin. Ils savent que le complément déterminatif n'est pas nécessairement précédé d'une proposition : *Liber discipuli* ou *discipuli liber* explique *das Buch des Schülers* ou même *des Schülers Buch*. Aux élèves de la section *B* un complément d'enseignement grammatical est indispensable ; il leur sera donné au cours de l'heure réservée aux exercices pratiques.

Classe de quatrième. — La grammaire fait l'objet d'une revision rapide. Le professeur donne à repasser hors de la classe la déclinaison, la conjugaison, les règles essentielles de la syntaxe et il s'assure par des interrogations que rien d'important n'a été oublié. La curiosité des élèves de quatrième se tourne volontiers vers la grammaire. Ils accueilleront avec plaisir une explication étymologique qui leur apporte la solution d'un petit problème de morphologie ou de syntaxe. L'étude attentive des synonymes les intéressera. Ils aimeront à savoir que, parmi les nombreux substantifs qui désignent en allemand le compagnon, *der Geselle* est tout d'abord celui qui se trouve dans la même salle qu'un autre, *der Genosz*, celui qui partage avec lui l'usage ou la jouissance d'une chose, et *der Gefährte*, celui qui fait le même voyage. Leur besoin de précision sera satisfait, si on leur dit que *fertig* se rattache à *fahren* et qu'il signifie *prêt à partir*, puis simplement *prêt*. Ils comprendront alors que l'adjectif allemand ne traduit pas dans tous les cas le mot français *fini* et que l'on puisse dire *meine Aufgabe ist fertig*, mais non *die Tanzstunde ist fertig*. D'une façon générale, il sera bon qu'en face d'un mot étranger, les élèves n'adoptent pas, une fois pour toutes, une traduction qui risquerait d'être souvent inexacte. Il n'est pas toujours vrai que *schon* signifie *déjà* (exemples : *ich komme schon ; es ist schon wahr)* ni que *fahren* signifie *aller en voiture* (exemples : *aus der Haut fahren, mit der Hand über die Stirn fahren*, etc.). On évitera que l'élève n'inscrive en sa mémoire : *bei = chez, auf = sur*. Il vaut mieux énumérer les relations essentielles exprimées par les prépositions et dire : *bei* exprime d'abord le voisinage ou la contiguïté, puis la simultanéité, la coïncidence, etc., en fournissant des exemples appropriés. Ainsi l'on dégage la grammaire de l'empirisme, on développe l'esprit d'observation et l'on aide l'élève à pénétrer le génie de la langue étrangère.

Jusqu'à présent, il a lu des textes faciles et s'est contenté d'exprimer des idées très simples. Il devra désormais suivre une pensée plus abstraite, dont l'expression sera plus compliquée. Les différents éléments d'un verbe ou d'une forme verbale sont souvent éloignés les uns des autres : il faudra savoir les réunir ; les compléments peuvent être fort nombreux : il faudra n'en négliger aucun ; les propositions sont parfois enchevêtrées et leur articulation n'est pas très visible : il faudra néanmoins en saisir l'ordre et le rapport. Cette analyse minutieuse de la phrase n'est pas seulement indispensable pour l'intelligence des textes, elle est pour l'esprit une excellente discipline en même temps que la meilleure initiation à l'art d'écrire.

D'ailleurs, les exercices écrits compléteront l'enseignement de la classe. Parmi eux le thème d'application peut trouver sa place. Mais le professeur n'en usera qu'avec discrétion. On ne donnera pas de thèmes suivis ; on se contentera de deux ou trois phrases détachées que l'on proposera en vue de l'application de règles déterminées. De même, on évitera les textes qui, pour grouper le plus grand nombre de difficultés, prennent l'aspect d'un rébus ou perdent l'allure française.

Classe de troisième. — A la fin de la quatrième, les élèves sont en possession de ce qu'on pourrait appeler la grammaire des écoliers. Ils ne doivent plus hésiter sur le participe passé d'un verbe fort ; ils sont capables de construire correctement une phrase. On s'assurera fréquemment qu'aucune notion acquise antérieurement ne s'est perdue et en même temps on s'efforcera de développer la culture grammaticale. On étudiera la vie des mots ; on établira la filiation de leurs différents sens. On ne se contentera plus de signaler les faits, on essayera d'en dégager la raison. Il importe de se souvenir que le mot de revision inscrit en tête du programme n'a pas le sens de répétition pure et simple. On ne mentionnera que pour mémoire la différence de signification des verbes *können, mögen et dürfen.* Au contraire, on examinera la nuance exprimée par l'auxiliaire dans des phrases comme celle-ci : *Er ist zu eitel, als dasz er den Spott merken sollte. — Ich wünsche, daz er damit zufrieden sein möge.* Il sera utile de rappeler les verbes *aufmachen* et *ausgehen,* mais pour leur rattacher d'autres composés qui devront faire, au point de vue du sens et de la syntaxe, l'objet d'une étude attentive, par exemple : *erlisten, in Stücke schlagen, sich heiser schreien, sich die Füsze wundlaufen.*

Classes de seconde et de première. — Du reste, l'enseignement grammatical s'adapte, comme les autres, à l'âge de l'élève. En seconde et en première, la grammaire n'est plus — à l'exception de revisions indispensables — étudiée qu'à propos des textes ou au cours de la correction des devoirs. Elle explique une expression idiomatique, aide à caractériser le style d'un auteur ou bien à extirper un gallicisme ; elle permet de pousser plus avant l'étude de la langue et devient, dans certains cas, l'auxiliaire de la critique littéraire.

Quelques notions succinctes de l'histoire de la langue figurent au programme. Les élèves doivent savoir quelle place les langues qu'ils apprennent occupent dans la famille indo-européenne, et aussi par quelles étapes elles ont passé pour aboutir à leur forme actuelle. On se bornera à des indications sommaires : ici, plus que partout ailleurs, l'abus serait un défaut. Il ne s'agit pas de charger la mémoire d'un bagage inutile, mais, au contraire, de projeter la lumière à l'aide d'une loi énoncée à propos, ou de quelques faits judicieusement groupés. On ne créera pas la confusion, si l'on rend compte de l'inflexion par la présence d'un *i* dans la syllabe qui suivait la syllabe infléchie. Si, à côté des verbes *mögen, pflegen* et *tragen,* on évoque les substantifs *Macht, Pflicht* et *Tracht,* il apparaîtra que ces mots ne sont pas des formations arbitraires.

Pour ne pas grossir outre mesure le nombre de ces pages, rédigées en pensant surtout à la langue allemande, nous nous sommes abstenus d'y joindre une adaptation pour les autres langues enseignées. Les professeurs feront sans peine les ajustements nécessaires. Hispanisants et italianisants brûleront facilement les premières étapes pour arriver plus vite à leur conjugaison si riche et parfois si touffue. En anglais, il est clair qu'on laissera de côté les difficultés inhérentes au genre et à l'article défini pour attaquer tout de suite le verbe par l'impératif, les auxiliaires de conjugaison, puis viendront les temps composés avant les temps simples (en vue de la conjugaison interrogative). Notons que l'étude du pronom interrogatif précède celle du pronom relatif ; qu'on examine comment s'exprime l'idée de possession, de manière à rapprocher les pronoms et les adjectifs possessifs de *whose*, etc. Les défectifs *shall*, *will* ; *may*, *can* ; *must*, *ought*, réclameront la même attention que les auxiliaires allemands. Enfin, pour les verbes composés ou verbes à postposition, tantôt avec sens neutre, tantôt avec sens actif, on s'inspirera de ce qui est dit plus haut des verbes similaires que présente l'allemand.

VERSIFICATION

De la cinquième à la troisième on aura eu bien des occasions de signaler les caractères les plus frappants de la versification étrangère : le rôle prépondérant des syllabes accentuées, l'existence du vers sans rime, l'importance de l'allitération, etc. Mais c'est seulement en seconde que l'heure viendra de réunir ces notions éparses, de les vivifier par le souvenir des vers appris, de les coordonner et de présenter, en évitant les termes érudits et les détails techniques, un ensemble de la versification étrangère.

On fera de préférence cette leçon devant les élèves réunis de A et de B. Cela ne sera pas une raison pour employer la terminologie appropriée aux langues anciennes. Pour les élèves qui les ont étudiées, ce serait les induire en erreur, puisque les mêmes termes qui s'appliquent d'une part à la quantité ne désignent d'autre part, et fort confusément, qu'un degré d'intensité de l'accent rythmique. Pour les autres, ce serait une complication superflue. Comme la musique fournit pour la mesure de la durée, pour l'indication des pauses, l'accentuation des sons et le caractère du rythme des termes très précis, on pourra lui emprunter ses signes et son langage. On se souviendra en outre que l'analyse prosodique des vers et des strophes ne saurait être, dans l'enseignement secondaire, une étude abstraite ayant sa fin en soi. Le rythme devra être étudié en fonction de la pensée et le professeur devra toujours aboutir à des conclusions de caractère littéraire.

LA SECONDE LANGUE

La distinction établie par les programmes de 1902 disparaît. Il n'y a plus de langue fondamentale et de langue complémentaire. Au sortir du lycée, les élèves de la section B doivent posséder également les deux langues qu'ils ont étudiées. Ils ne sont plus autorisés — même tacitement — à négliger l'une ou l'autre. Aussi bien, le temps consacré à la seconde langue (quatre heures par semaine pendant quatre ans) est suffisant, pourvu qu'il soit bien employé. La méthode doit tenir compte du développement intellectuel de l'élève et mettre à profit les aptitudes que l'étude d'une première langue vivante lui a données. Ici encore, il faudra faire l'éducation de l'oreille et des organes vocaux, mais on ira beaucoup plus vite. Il importera de ne pas prolonger des exercices trop élémentaires et qui risqueraient de rebuter l'auditoire. Que l'élève ait choisi l'anglais ou l'allemand comme première langue, il a acquis des notions et pris des habitudes qu'il ne s'agit plus maintenant que d'adapter à la pratique d'une langue nouvelle. Il suffira d'un mot pour faire comprendre l'emploi du possessif *ihr*, si on le confronte avec *her*. La confusion orthographique entre *thick* et *dick* ne sera plus à craindre, si l'on prend soin de rapprocher les deux mots et de citer en même temps *thief* et *Dieb*. De même pour *day* et *Tag, deep* et *tief, daughter* et *Tochter*. L'évocation simultanée mettra en évidence la loi de la substitution des consonnes, en même temps qu'elle fera disparaître les chances de confusion. Il ne s'agit point ici d'encombrer l'élève d'un bagage philologique qui retarderait ses progrès mais bien plutôt de lui montrer la route en lui donnant des points de repère. Pour l'acquisition rapide de la seconde langue, on comptera surtout sur la lecture expliquée et sur la traduction. Des textes convenablement choisis, fourniront avec le vocabulaire la matière des exercices de conversation et les exemples nécessaires à l'étude de la syntaxe.

On se borne à ces indications rapides. Il a paru moins important d'étendre démesurément un programme que de rappeler le but à atteindre et de tracer les grandes lignes d'une méthode.

CLASSES MOYENNES ET SUPÉRIEURES

*La lecture expliquée, la version, le thème, la composition
en langue étrangère.*

La lecture des textes commence presque dès le début des études de langues vivantes ; mais elle ne devient vraiment lecture expliquée que vers la fin de la deuxième année d'études. Les suggestions présentées ici s'appliquent surtout à la deuxième période (classes de quatrième et de troisième), et à la période suivante (classes supérieures), mais on pourra, au besoin, s'en inspirer pour diriger les exercices de même nature pratiqués dans les classes d'initiation, tels que : commentaire de gravures, petits récits anecdotiques, premiers essais de conversation suivie.

La lecture expliquée de textes étrangers ne différera pas, dans sa méthode, de la lecture expliquée des textes français. On se souviendra seulement que les textes proposés ne sont pas, comme les textes en langue maternelle, sommairement compris à première lecture, et que, pour le commentaire demandé, les élèves ne disposent que d'un vocabulaire limité. L'art du professeur consistera précisément à tirer le meilleur parti de ces faibles ressources. On peut, avec un minimum de mots et de tournures, exprimer des pensées variées et même assez délicates. D'ailleurs, à mesure que les élèves connaîtront mieux la langue, ce travail de réduction et de mise au point ne sera plus si nécessaire, et l'on pourra conduire une classe de langues vivantes comme l'on conduit une bonne classe de français.

Le professeur — qu'il se serve d'un recueil tout fait, ou qu'il emploie sa collection personnelle de morceaux choisis, ou qu'il complète l'un par l'autre — éliminera de son enseignement tous textes fades et sans valeur. Les littératures modernes sont assez riches pour qu'on puisse composer des anthologies très variées, ne contenant guère que de l'excellent. Il sera préférable de présenter les textes dans l'ordre chronologique et, si possible, dans un ordre de difficulté croissante.

Avant d'expliquer un texte nouveau, on donnera sur l'auteur les notions indispensables. On caractérisera brièvement son œuvre en insistant sur les côtés mis en lumière dans le passage à étudier. Dans les classes de seconde et de première, ces renseignement biographiques et littéraires, un peu plus développés, constitueront les notions d'histoire littéraire mentionnées au programme de ces classes ; alors, il sera à propos de placer l'écrivain dans son milieu. On prendra utilement, comme points de repère, les événements capitaux de notre propre histoire. On pourra se renseigner, chaque trimestre, sur les sujets traités dans les classes d'histoire et de français. La concordance que l'on peut ainsi établir entre les enseignements divers frappe beaucoup les élèves, et laisse dans leur esprit des souvenirs vivaces.

Une lecture nette et expressive jettera sur le texte une première clarté.

Avant toute explication de détail, on indiquera le sujet, l'idée principale du morceau. S'il est extrait d'un roman, d'un drame, on le situera dans l'œuvre, on en indiquera le rôle et le caractère afin d'éviter toute ambiguïté, toute erreur d'interprétation. On en étudiera alors le plan ; on en séparera nettement les différentes parties, qu'il s'agisse d'arguments, de sentiments, de descriptions ou des différentes phases d'une action.

L'étude du détail, qu'on abordera ensuite, devra être aussi concrète, aussi vivante que possible. S'il s'agit d'un paysage, on recherchera en quelle région, en quelle saison, à quelle heure de la journée il convient de le placer, et pourquoi ; on en examinera les lignes, les couleurs, la lumière ; par la pensée, on le transportera sur une toile ; on mettra en place chaque détail en lui assignant son rôle et son importance dans l'ensemble. On appliquera des règles de même nature à un fragment dramatique, à une anecdote, à un conte. On étudiera, d'autre part, la vraisemblance d'un récit de pure invention, la vérité, l'authenticité d'un épisode historique ; on développera chez les élèves l'esprit critique, qui n'est qu'une des formes du bon sens. D'autres fois, c'est à leur imagination qu'on fera appel, à leur sensibilité, à leur délicatesse. L'explication ainsi conçue constituera au premier chef un enseignement de culture si l'on entend sous ce nom le développement de ce qu'il y a chez les jeunes gens de plus intelligent, de plus intime et de meilleur.

Dans les morceaux étudiés, les moyens d'expression de l'écrivain seront l'objet d'une attention spéciale. On peut apprécier avec beaucoup de finesse le style et la manière en termes très simples, sans jamais avoir recours au vocabulaire technique de la critique, dont les élèves n'ont nul besoin. Il existe des procédés très variés qui permettent de rendre sensibles, même à des novices, la valeur esthétique des moindres détails de forme : synonymes qu'on essaie de substituer aux mots du texte, comparaisons ou figures qu'on supprime ou qu'on modifie, vers dont on change l'ordre ou les rimes. Il est à ce propos toute une série d'exercices que la grammaire se réserve d'habitude, mais dont on peut tirer fort bon parti au point de vue littéraire : mise au pluriel, changement de temps, de mode, passage du style indirect à l'expression directe, toutes modifications qui peuvent altérer grandement, parfois de façon fort suggestive, la physionomie d'un morceau. Ici, l'on changera le héros en héroïne ou inversement; là, on transportera la scène du passé dans le présent; ou bien, encore, on comparera le texte à l'illustration qui l'accompagne et l'on étudiera les moyens dont disposent deux arts différents.

On terminera en dégageant de la lecture ainsi faite quelque principe général, une idée d'intérêt actuel, d'application fréquente, voire même immédiate. Il importe en effet au plus haut point que les élèves ne séparent jamais le livre de la vie, qu'ils s'habituent à le considérer comme un recueil d'impressions, d'observations, de réflexions faites par des hommes plus sagaces, plus sensibles qu'on ne l'est en général et avec lesquels il y a plaisir et profit à s'entretenir.

Au cours des exposés ainsi conçus, l'enseignement du vocabulaire et de la grammaire ne doit intervenir qu'à titre auxiliaire. Il faudra se garder de toutes digressions morphologiques ou syntaxiques. Il suffira de donner brièvement l'explication nécessaire à la pleine intelligence du texte. On réservera pour d'autres séances ou pour d'autres parties de la classe, les études proprement grammaticales. Il importe que les détails techniques ne masquent pas l'objet de la leçon, qui est de comprendre une idée, d'imaginer une scène, de suivre un raisonnement.

Lorsque le texte aura été suffisamment expliqué et commenté, on le traduira en français. Cette version, préparée avec soin, ne sera pas seulement un exercice de contrôle, mais un exercice de français. Ce qu'on a bien compris dans le texte étranger doit s'énoncer clairement en langue française, avec précision, avec netteté et non sans harmonie. La version, école de probité intellectuelle, enseignera à éviter l'à-peu-près, les formules molles et à prendre souci des nuances de la pensée.

Ces règles s'appliqueront évidemment aussi aux versions écrites, dont l'explication sera conduite avec la même méthode et dans le même esprit. Il sera bon que le professeur propose, et, au besoin, dicte aux élèves sa propre traduction. Il ne faut pas les laisser sous l'impression qu'on hésite entre plusieurs sens, qu'un mot est aussi bon qu'un autre. Il faut, en leur prêchant d'exemple, bien les convaincre qu'on doit et qu'on peut arriver à une traduction définitive.

La lecture expliquée, les exercices de version fourniront les matériaux nécessaires à la composition en langue étrangère qui constitue l'exercice complet, l'épreuve concluante. S'il est, en effet, fort utile — et c'est l'objet du thème et de la version — de pouvoir faire passer d'une langue dans une autre les pensées d'autrui, il importe encore plus d'avoir des idées à soi et de pouvoir les exprimer directement et sans trop d'effort dans la langue des pays voisins. Au souci de correction et d'exactitude s'ajoute ici un effort de réflexion, d'invention et de composition.

Pour faciliter le travail des élèves il sera bon, selon les termes du programme, d'emprunter le sujet des compositions aux textes expliqués en classe. On évitera les thèmes abstraits, trop généraux. On leur préférera les sujets concrets et familiers; on proposera de retracer de petites scènes de la vie, paysages, intérieurs, esquisses d'animaux, portraits d'hommes; on fera conter un événement légendaire ou historique par un des personnages en cause; on aura recours à tous ces artifices auxquels nous faisons allusion plus haut (transpositions, modernisations, imitations, suites, lettres, rapports) et chaque professeur les mettra en œuvre suivant ses goûts personnels et son tempérament.

Les bons élèves trouveront dans la correspondance scolaire une application immédiate et fort instructive de leurs exercices de composition. Bien comprise, encouragée et discrètement suivie par le maître, elle aboutit dans les cas heureux à des résultats très appréciables ; non seulement elle introduit peu à peu dans le style l'expression spontanée et le tour idiomatique, mais elle éveille la curiosité, donne le sens des réalités étrangères, ouvre à l'intelligence, souvent même à l'activité immédiate, de nouvelles et séduisantes perspectives.

ENSEIGNEMENT DES CIVILISATIONS ÉTRANGÈRES

Depuis le commencement du siècle, cet enseignement se donne dans les classes de langues modernes. S'il est vrai de dire que les beaux-arts sont les interprètes d'un état de société, l'art de parler et d'écrire mérite à plus forte raison ce titre. Les textes que l'on proposera aux élèves seront toujours étudiés en vue de leur qualité humaine, c'est-à-dire avec l'idée d'y trouver un document de prix sur un esprit, sur l'état d'âme d'un groupe, d'un mouvement religieux, politique ou social. Plus que jamais — des raisons de tout ordre nous y invitent — étudier l'allemand sera étudier l'Allemagne, apprendre l'anglais sera apprendre l'Angleterre et la civilisation britannique dans le monde. De même pour les langues et les pays du Midi.

Déjà sérieusement amorcé et même poussé assez loin, comme les livres scolaires l'attestent, cet enseignement pourra, grâce à un horaire élargi, se développer plus à l'aise. Mais il ne changera ni d'esprit, ni de méthode. Toujours il sortira de textes représentatifs, expliqués par les élèves, ou analysés par le professeur, et, de classe en classe, reliés par lui de manière à faire saisir la suite des grands événements ou l'évolution des esprits.

On s'attachera à faire connaître le pays, à dépeindre les mœurs, les coutumes, les manières d'être, de vivre, de penser du peuple qui l'habite.

En seconde, pour l'empire britannique, on traitera les points essentiels suivants :

1. Paysages d'Angleterre, d'Ecosse et d'Irlande ;

2. Le peuplement de la Grande-Bretagne ; les Celtes ; faible romanisation de la Grande-Bretagne ; invasion germaniques, scandinaves et normandes ;

3. La vieille Angleterre : cathédrales, châteaux et manoirs, villes ;

4. La nouvelle Angleterre : les grands centres de l'industrie houillère, métallurgique, cotonnière, linière ;

5. Londres.

6. Le peuple anglais : les mœurs, l'éducation ; Oxford et Cambridge ; les religions ; le puritanisme ; le sens social.

Et pour l'Allemagne :

1. Les régions, paysages de l'Allemagne du Sud et de celle du Nord ;

2. Villes anciennes, villes modernes ;

3. Le peuple allemand : les mœurs, la famille, la natalité ;

4. L'Allemagne au travail : agriculture, industrie, commerce ;

5. Les Germains d'après Tacite. Lecture et commentaire des principaux chapitres de la *Germanie*.

6. Charlemagne et la christianisation de la Germanie. Le Saint-Empire germanique : ses prétentions, les résistances ;

7. La Hanse et les villes. La Renaissance et la Réforme. Artistes et penseurs. Luther ;

8. Faiblesse politique de l'Allemagne au dix-septième siècle et au dix-huitième siècle ;

9. La Prusse, ses progrès au dix-huitième siècle. Frédéric II.

En classe de première, pour les pays britanniques, auxquels on ajoutera les Etats-Unis :

1. Revision et compléments ;

2. Le Canada : aspects et caractères généraux ;

3. Les grandes régions des Etats-Unis : le Nord-Est, le Sud, le Middlewest, la Californie ;

4. Les grandes villes ;

5. Les rois de l'industrie : Rockefeller, Carnegie, Ford ;

6. Tendances et partis au dix-neuvième siècle ; l'esprit conservateur, le libéralisme, le travaillisme ;

7. Les colonies anglaises aux Etats-Unis. La guerre de l'Indépendance. La formation des Etats-Unis ;

8. L'extension territoriale et le peuplement des Etats-Unis. La question de l'esclavage. Le développement économique ;

9. Les Etats-Unis et leurs voisins d'Amérique. Les Etats-Unis et l'Extrême-Orient ; les Etats-Unis et l'Europe.

Et pour l'Allemagne :

1. Révision et compléments ;

2. Une grande région industrielle : la Ruhr. Un grand port de commerce : Hambourg.

3. Le germanisme en Autriche, en Hollande, en Suisse. L'émigration. Les groupements allemands à l'étranger ;

4. Les ambitions pangermanistes ;

5. Les effets de la Révolution française. Les Français sur le Rhin. La chute du Saint-Empire ;

6. Le réveil de l'Allemagne : Fichte et les discours à la nation allemande. Bismarck. L'empire allemand.

7. L'Allemagne actuelle : unité et diversité de l'Allemagne.

A ces cadres, il sera facile de donner des pendants pour la civilisation italienne et pour l'espagnole.

Ainsi la culture générale par l'instrument d'une langue, d'une littérature et d'une civilisation étrangère trouvera là son couronnement naturel. Elle contribuera avec les autres études de l'enseignement secondaire à former non point des spécialistes, ni d'élégants amateurs, mais des esprits bien faits, sachant s'aider du passé proche et du passé lointain pour mieux comprendre le présent, bref des hommes harmonieusement préparés, aux tâches variées que leur imposera le monde de la pensée et de l'action où ils entreront demain.

SÉANCES DE DIRECTION ET DE CONTROLE DU TRAVAIL

Même remarque initiale que pour les lettres : les séances de direction et de contrôle du travail ne sont pas des classes ordinaires. L'élève n'y vient pas chercher des connaissances nouvelles, mais la consolidation des notions antérieurement acquises. On devra donc s'assurer qu'il a compris tout ce qui a été dit au cours de la leçon précédente, qu'il est en état de suivre ses camarades et que l'on peut désormais faire un pas de plus avec la certitude qu'il ne restera pas en arrière.

Par la répétition des mots enseignés en classe, on fixera le vocabulaire ; par une série d'exercices appropriés, on habituera l'élève à s'en servir pour énoncer dans la langue étrangère des phrases plus ou moins on gues ; en même temps on le familiarisera avec l'application essentielle de la grammaire ; enfin, on lui apprendra à faire ses devoirs. À vrai dire, ce sont là des règles générales,. qui s'appliquent à toutes les disciplines ; mais l'enseignement des langues vivantes amène, en outre, quelques réflexions particulières.

L'initiation à l'étude d'une langue étrangère pose, en effet, un problème pédagogique nouveau. Il ne s'agit pas, comme à la leçon de français, de poursuivre une étude déjà commencée, ni même, comme pour les débuts du latin, d'appliquer à une étude nouvelle une méthode que l'élève possède déjà. Jusqu'à présent, le français a été le véhicule de l'enseignement ; maintenant il est à peu près banni de la classe. On demande à l'enfant d'enregistrer des groupes de sons inconnus, de saisir l'idée qu'ils expriment et de les reproduire à son tour ; on lui demande même de s'en servir pour exprimer sa propre pensée. Ces différentes opérations mettent en jeu l'intelligence, la perception auditive, enfin le mécanisme de la parole. Elles sont des plus complexes et tous les élèves ne sont pas également habiles à les exécuter.

Au cours de la séance de direction et de contrôle du travail, le professeur devra faire une étude minutieuse des aptitudes comme des défauts de ses élèves. Il établira de mémoire ou par écrit la fiche pédagogique de chacun d'eux. Aux étourdis, à ceux qui n'écoutent que d'une oreille et qui d'une phrase ne retiennent que trois mots au hasard sans apercevoir le lien qui les rattache, il s'efforcera de donner l'habitude de l'attention ; au besoin, il leur fera faire un peu d'analyse grammaticale. Ceux qui lui paraissent moins bien doués que leurs camarades au point de vue de l'audition seront l'objet d'un examen approfondi. Il essaiera de déterminer si l'imperfection qu'il constate a pour cause une culture insuffisante de l'attention auditive, ou bien si elle est la conséquence d'un état physique qui réclamerait l'intervention du médecin spécialiste. Enfin il interrogera fréquemment les timides et, en les encourageant à essayer leurs forces, il les aidera à prendre conscience de ce qu'ils savent.

En résumé, tandis qu'au cours de la classe l'action du maître assure les progrès de la collectivité elle doit ici s'exercer sur les individus. Pour qu'elle soit vraiment efficace, il importe que les élèves qui prennent part aux séances de direction et de contrôle du travail ne soient pas trop nombreux. A cette condition seulement, le professeur pourra rester en contact avec chacun d'eux et donner les conseils individuels qui préviennent la faute ou en provoquent la correction immédiate. On peut attendre beaucoup de l'institution nouvelle. Elle inspirera aux enfants la confiance en eux-mêmes. Elle diminuera le nombre des retardataires et permettra au maître de mieux pénétrer certaines intelligences que la classe seule ne lui aurait pas révélées.

LIBRAIRIE HENRI DIDIER, 4 et 6, rue de la Sorbonne, PARIS

Registre du Commerce de la Seine 210,486 B.

Ouvrages de M. et Mme G. Camerlynck

LANGUE ANGLAISE

Nouvelle série pour les établissements de jeunes gens :

First steps in English (garçons et filles, cl. élém. et prép.) 5 fr. 20
The Girl's own Book (Filles, 1re année).............. 8 fr. 20
Alice in England (Filles, 2me année)................. 8 fr. 20
Miss Rod (Filles, 3me année).......................... 9 fr. 60
The Boy's own Book (Garçons, 1re année)............ 8 fr. 20
Tom in England (Garçons, 2me année)............... 8 fr. 20
The Boy's own Reader (Garçons, 3me année)......... 8 fr. 20

Enseignement de l'anglais usuel et commercial :

English Spoken (premiers éléments).................. 5 fr. 50
Handbook of Commercial English .... 9 fr. 60

Classes supérieures, préparation des examens :

Handbook of English Composition... .... 6 fr. 80
Handbook of Essay-Writing .... 9 fr. —

LANGUE FRANÇAISE

Nouvelle série pour l'enseignement du français aux étrangers
(Notation phonétique internationale) :

Pour les Petits (année préparatoire).................. 5 fr. 50
France (1re année)..................................... 6 fr. 60
France (2me année).................................... 8 fr. 20
Au Pays de France (3me année)..................... 8 fr. 20

Eléments de français à l'usage des étrangers :

Parlons Français (édition anglaise) .... 4 fr. 20
Parlons Français (édition allemande) .... 4 fr. 20

Ouvrage complémentaire :

Recueil de textes français en notation phonétique.. 3 fr. 30

---

*Tous ces ouvrages, in-12 ou in-8 carré, sont ornés de nombreuses
illustrations et cartonnés demi-toile.*

LIBRAIRIE HENRI DIDIER, 4 et 6, rue de la Sorbonne, PARIS
Registre du Commerce de la Seine n° 210.486 B.

Vient de paraître

HELPS TO ENGLISH AUTHORS

Robert-Louis STEVENSON, *Treasure Island*

Notes (sans le texte), précédées d'un sommaire de chaque chapitre et suivies de nombreuses questions littéraires et grammaticales, facilitant et activant le travail personnel des élèves, par M. Henri HOVELAQUE, professeur au Lycée Saint-Louis.

Un volume de 89 pp. broché....... **3 fr. 90**

Extrait de la Préface :

Nous avons maintes fois, au cours de longues années d'enseignement, eu l'occasion de constater que les candidats aux divers grands concours, tels que *Saint-Cyr, Navale, Polytechnique*, etc., disposent très rarement d'assez de loisirs pour préparer à fond, même avec le secours de leurs professeurs, les auteurs de langues vivantes inscrits à leurs programmes respectifs.

Absorbés qu'ils sont par les matières à coefficients plus élevés, même les plus conciencieux d'entre eux hésitent à perdre un temps précieux à compulser un lexique incomplet — ou un dictionnaire qui, quelquefois, l'est trop — et au lieu de s'épuiser en de stériles efforts pour préciser le sens d'un passage, ils se contentent le plus souvent d'en faire une lecture rapide qui ne leur laisse qu'une notion générale assez vague de l'ensemble du texte qu'ils ont à étudier. La valeur exacte des termes, les finesses de style, les véritables intentions de l'auteur leur échappent, surtout si son art dépasse la moyenne habituelle. En un mot la *Culture* que l'on cherche à donner aux élèves de nos classes, grâce à l'étude des langues vivantes, devient, dans ses conditions, à peu près impossible.

C'est pour obvier à ces divers inconvénients que nous avons conçu cette série d'*Aides* littéraires.

Méthode de travail. — Les élèves devront tout d'abord prendre connaissance du RÉSUMÉ succinct qui précède chaque chapitre du livre, de façon à avoir une idée *nette*, bien que générale, de l'ensemble. Ils liront ensuite, *lentement*, le texte étranger, en s'aidant, à mesure qu'ils avancent, des NOTES que nous avons rendues aussi nombreuses que possible au début de l'ouvrage. Enfin, ils chercheront à répondre aux QUESTIONS qui se trouvent à la fin de chaque développement partiel de l'ouvrage. Celles-ci ont pour but essentiel de ne laisser passer inaperçue aucune difficulté grammaticale sérieuse, aucune caractéristique manquante de l'auteur.

C'est seulement lorsque ce travail préliminaire de préparation aura été fait par l'*élève* que le *professeur* pourra utilement intervenir...

Cours de Langue Allemande

Ancienne Série (avec versions et thèmes d'imitation)

Par MM. MATHIS, MENEAU, MULLER & SCHURR

Volumes in-12, cartonnés demi-toile.

Cours Préparatoire............................	5 fr. 20
Cours Elémentaire, 1re partie.....................	5 fr. 20
Cours Elémentaire, 2me partie.....................	5 fr. 20
Cours Elémentaire, 1re et 2me parties réunies.........	8 fr. 20
Cours Moyen, 1re partie........................	5 fr. 20
Cours Moyen, 2me partie........................	5 fr. 20
Cours Moyen, 1re et 2me parties réunies..............	8 fr. 20
Cours Moyen, 3me partie........................	8 fr. 20

Nouvelle Série (conforme aux programmes de 1925)

Par MM. MENEAU, WOLFROMM & CHABAS

Volumes in-12 carré, abondamment illustrés, cart. demi-toile.

Erstes Elementarbuch (classes élémentaires)	5 fr. 50
Deustches Elementarbuch (classe de sixième)........	6 fr. 80
Deustches Rede-und Lehrbuch (classe de cinquième).	9 fr. 60
Neues Lese-und Lehrbuch für Quarta (classe de quatrième)...	8 fr. 20
Neues Lese-und Lehrbuch für Tertia (cl. de troisième).	10 fr.

Le volume pour les classes de 2e et de 1re est en préparation.

SÉRIE POUR LES GRANDS COMMENÇANTS (conforme aux programmes)

Par MM. MENEAU & CHABAS

Volumes in-12 carré, abondamment illustrés, cart. demi-toile.

Première partie (4e et 3e langue complémentaire ; 1re année des Ecoles Normales et des E. P. S., etc.)......	9 fr. 60
Deuxième partie (2e et 1re langue complémentaire ; 2me et 3me années des Ecoles Normales et des E. P. S., etc).	9 fr. 60